동물원에 왔어요

동물들의 수를 소리 내어 센 뒤, 빈 팻말에 알맞은 숫자 스티커를 붙여 봐.
그런 다음, 빈 울타리에 원하는 만큼 동물 스티커를 붙이고 빈 팻말에 알맞은 숫자 스티커를 붙여 봐.

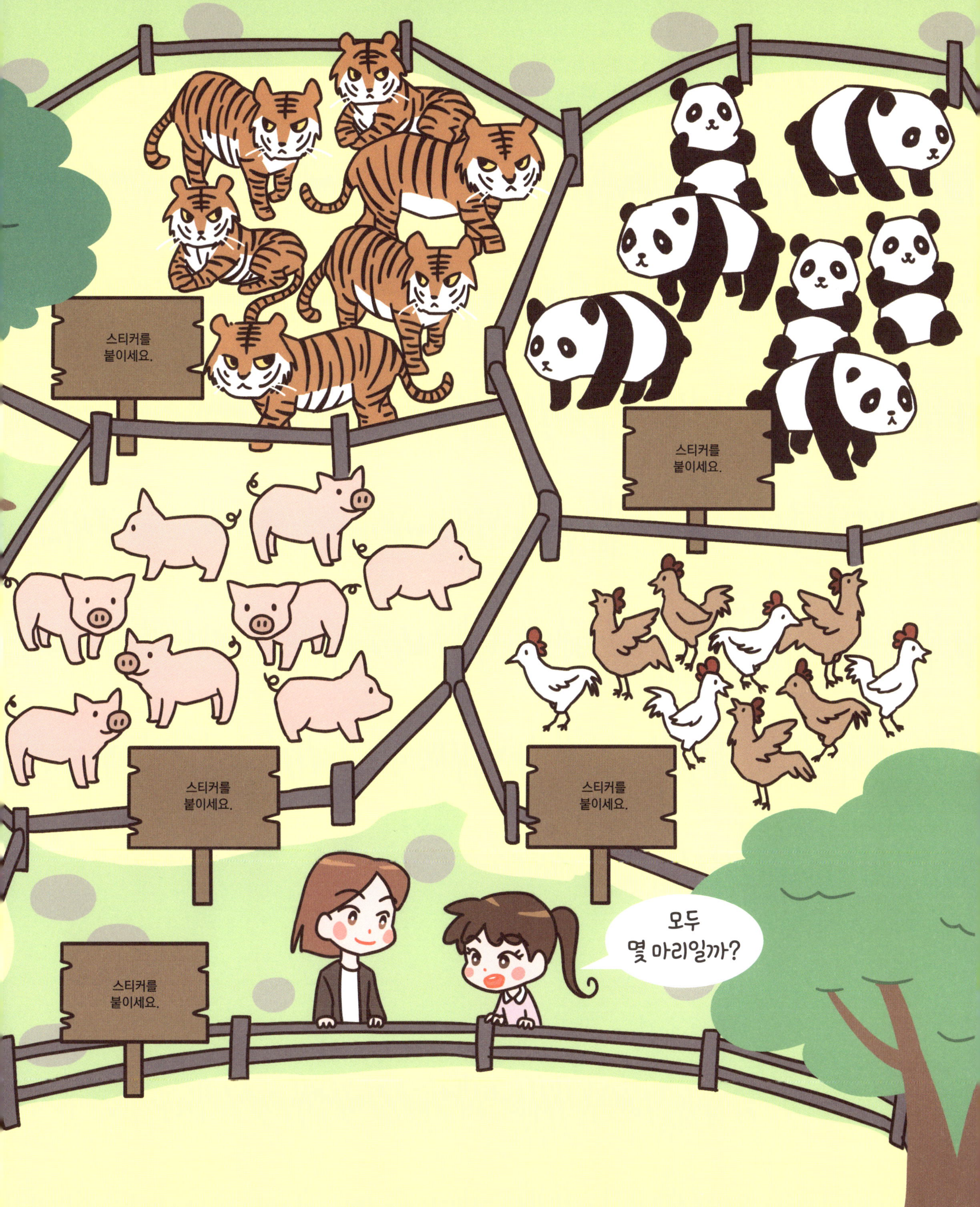

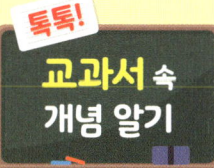

◆ 9까지의 수 세고 읽기 1 ◆

1, 2, 3, 4, 5, 6, 7, 8, 9의 의미를 이해하고, 수를 센 뒤 읽어 보는 활동이에요.
수를 읽을 때는 "일, 이 … 구.", "하나, 둘 … 아홉."과 같이 방법을 달리 해서 읽어 보세요.

새콤달콤 과일 농장

나무에 적힌 수에 알맞게 과일 스티커를 붙여 봐.
그런 다음, 자유롭게 스티커를 붙여 과일 농장을 꾸며 봐.

사과 10개

복숭아 8개

톡톡! 교과서 속 개념 알기

◆ 9까지의 수 세고 읽기 2 ◆

9까지의 수를 읽고, 스티커를 붙여 수를 나타내는 활동이에요.
스티커를 붙일 때, "하나, 둘 … 아홉."과 같이 수를 소리 내어 읽어 보세요.

숨은 동물을 찾아라!

수의 순서대로 점을 이으면, 숨은 동물이 나타난대.
같은 색깔 점끼리 순서대로 이은 다음, 나타난 동물의 이름을 스티커에서 찾아 붙여 봐.

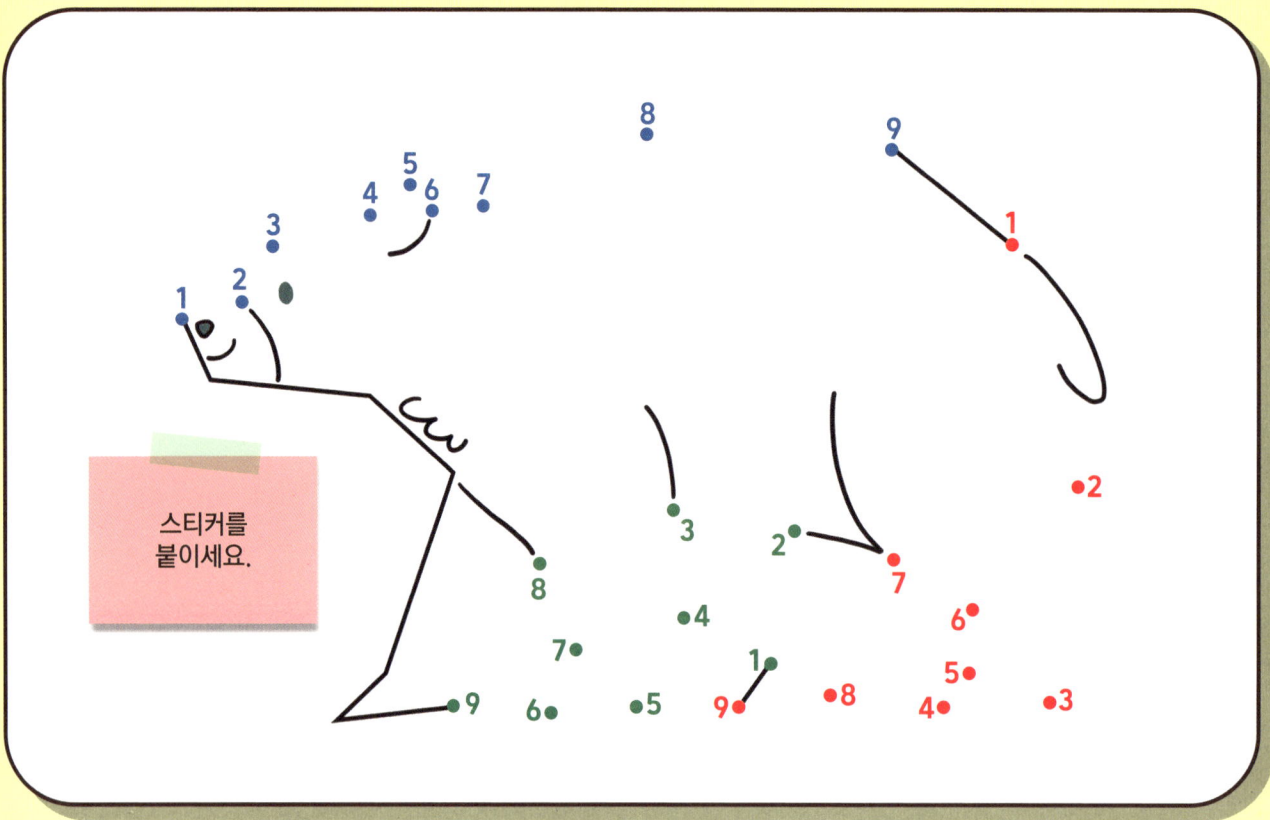

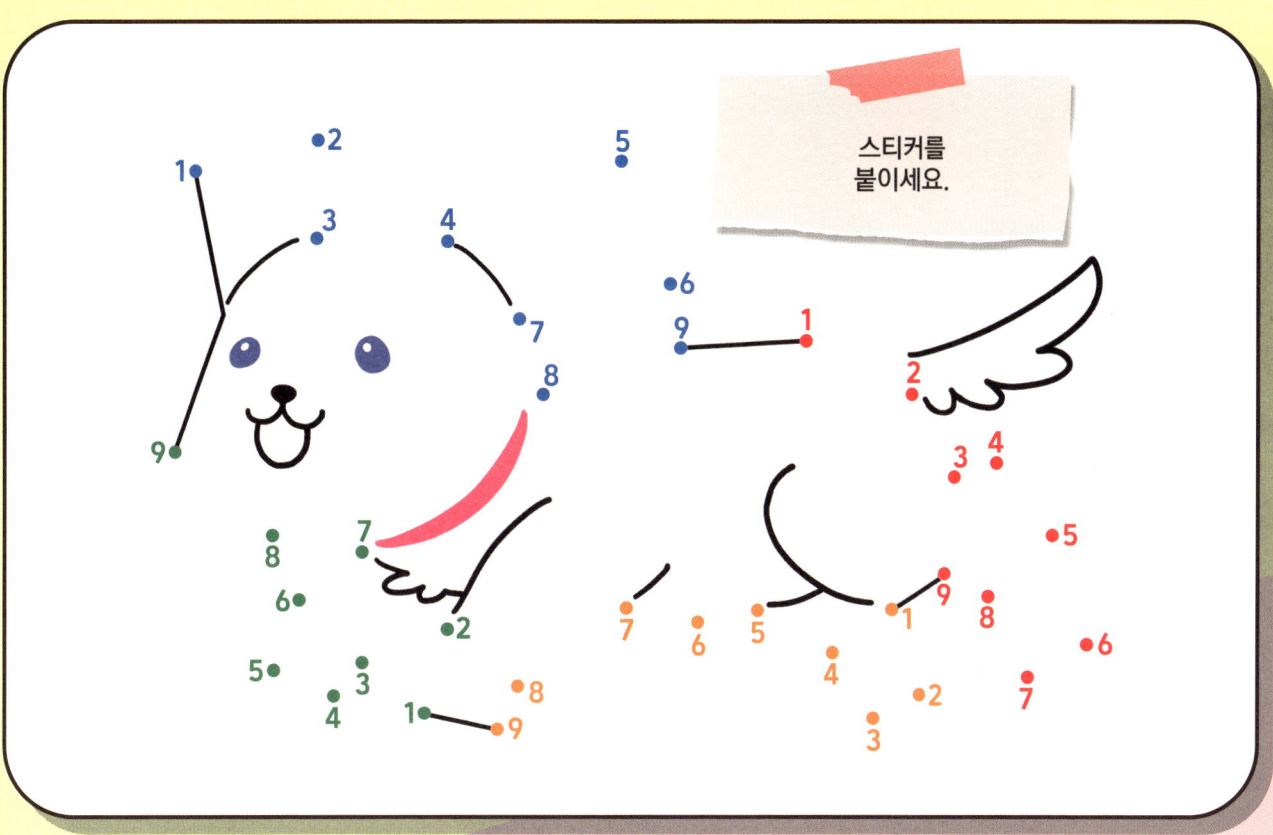

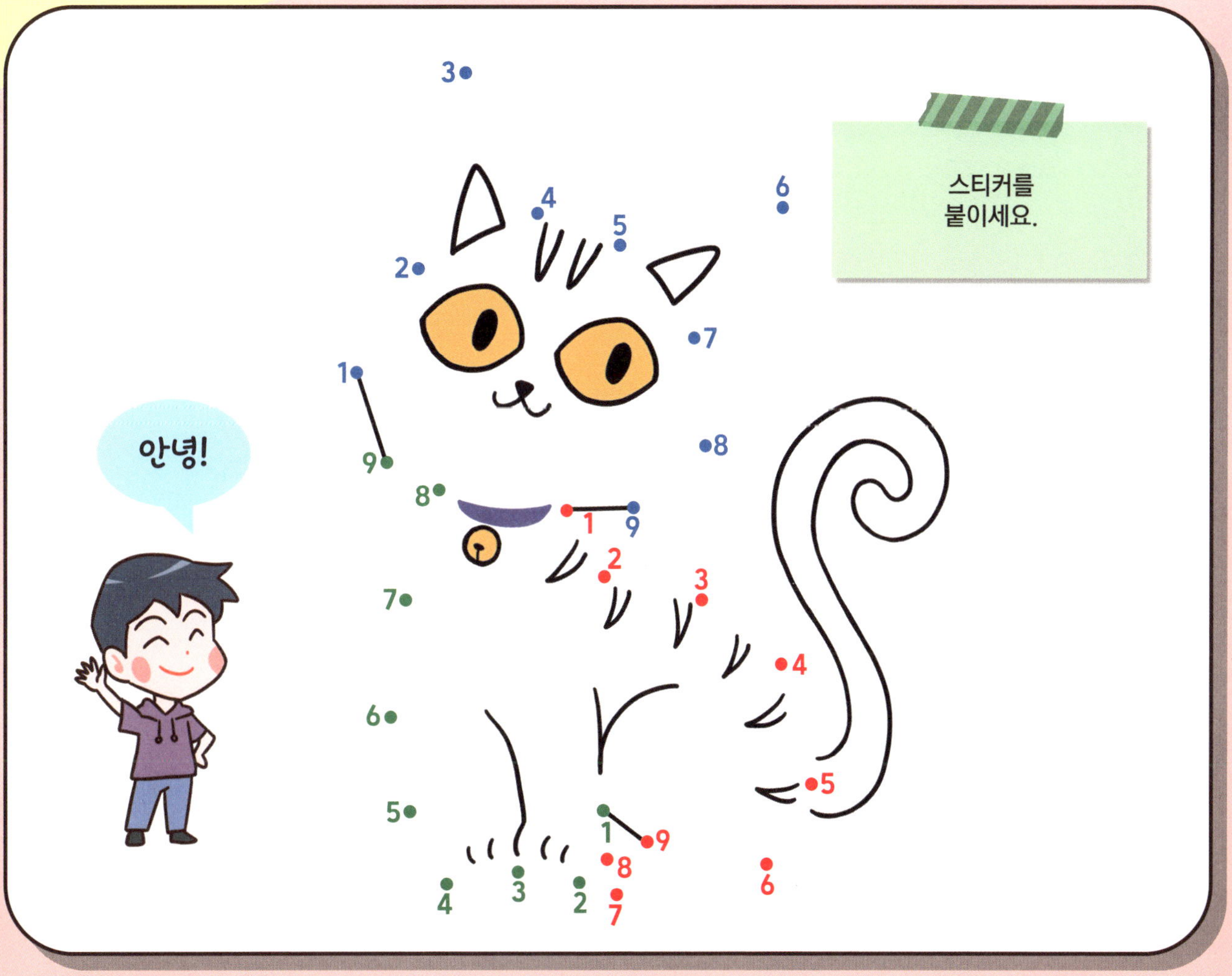

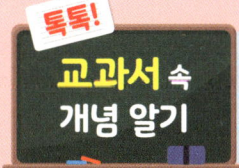

◆ 9까지의 수의 순서 알기 ◆

9까지의 수의 순서를 알아보는 활동이에요.
작은 수부터 순서대로 선을 이으며 어떤 수 다음에 어떤 수가 오는지 알아보세요.

화분에 꽃을 심어요

장미, 튤립, 팬지까지! 예쁜 꽃이 가득하네.
모으기와 가르기를 하며 화분에 꽃을 심어 볼까?

 꽃을 모으기해서 한 화분에 심어 줘. 그런 다음, 어떻게 모으기 했는지 빈칸에 알맞은 수를 적어 봐.

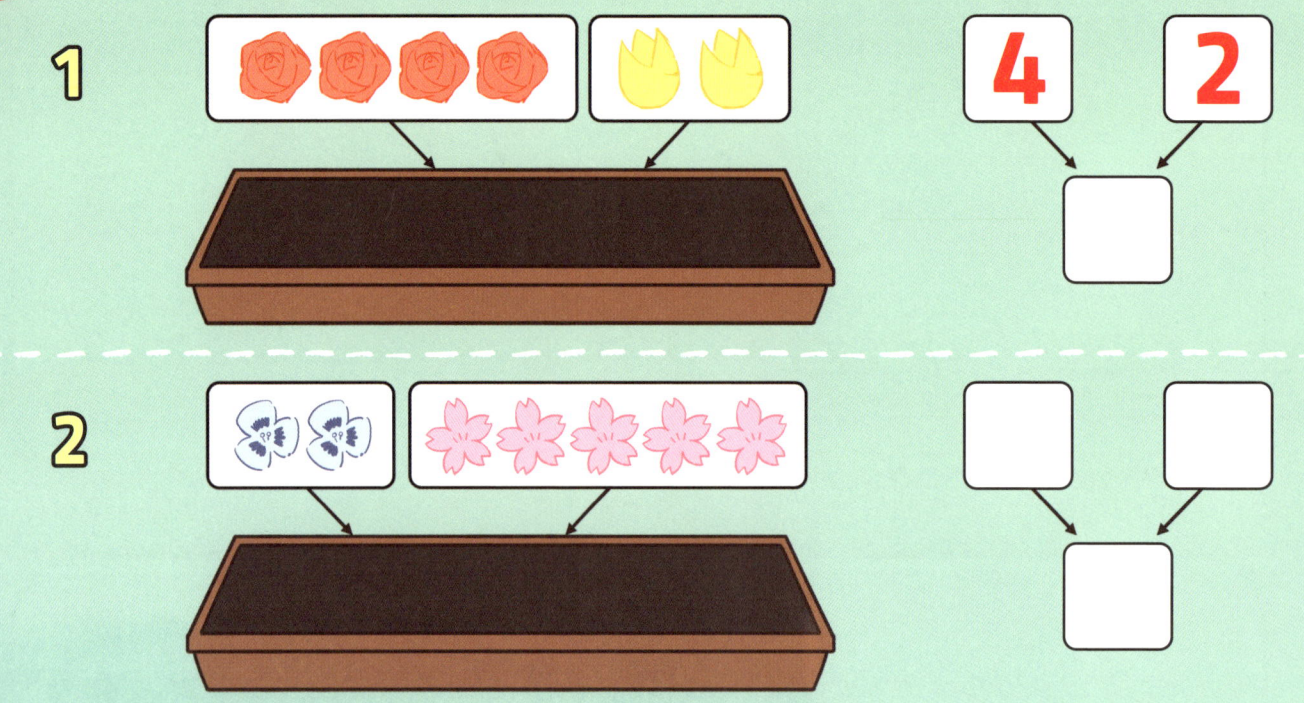

 꽃을 종류별로 가르기해서 화분에 심어 줘. 그런 다음, 어떻게 가르기 했는지 빈칸에 알맞은 수를 적어 봐.

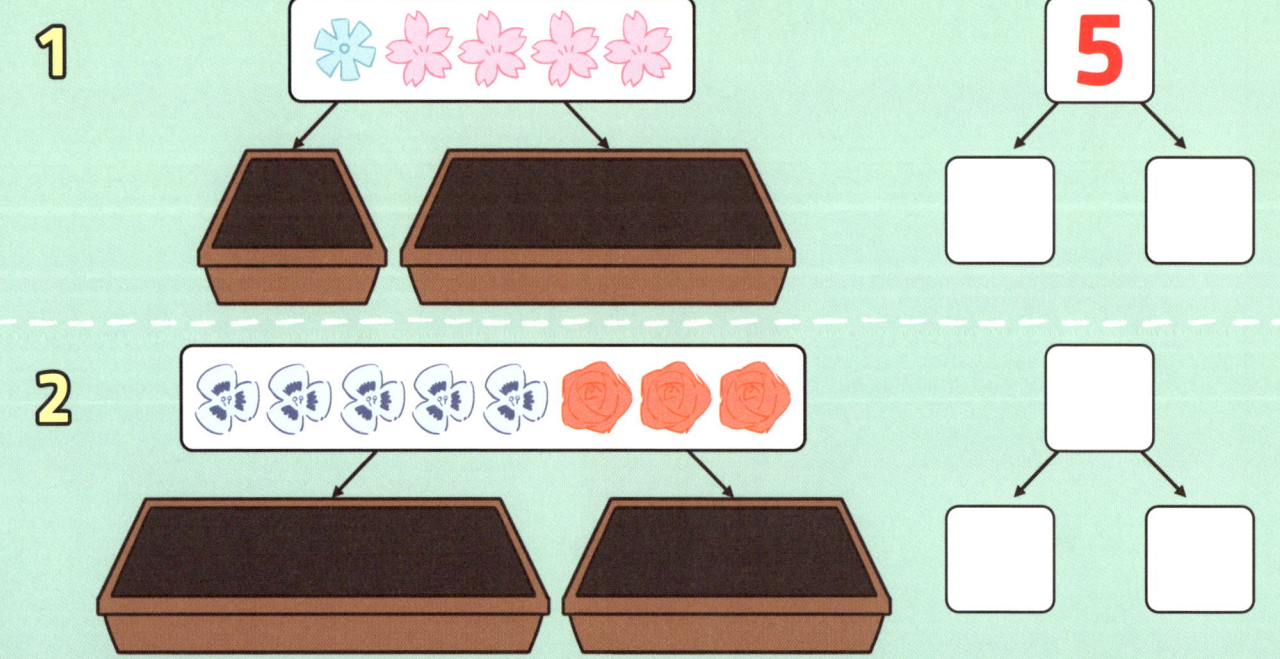

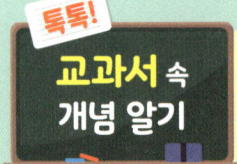

◆ 모으기와 가르기 ◆

모으기와 가르기로 더하고 빼는 상황을 경험하는 활동이에요.
스티커로 모으기와 가르기를 하며 수의 양감을 익혀 보세요.

동전을 찾아라

재재가 떨어뜨린 동전을 모두 주워 물건을 사려고 해.
문제를 잘 읽고, 물음에 답해 봐.

| 1원 | 3원 | 11원 | 7원 |

| 9원 | 13원 | 5원 | 19원 |

문제

1. 재재는 모두 몇 개의 동전을 찾았을까요? ………… _____ 개
2. 재재는 모두 얼마를 찾은 것인가요? ………… _____ 원
3. 재재가 살 수 있는 물건을 선반에서 모두 골라 ♥ 스티커를 붙여 보세요.

◆ 10을 세고 읽기 ◆

9보다 1 큰 수인 10의 의미를 이해하고, 수를 센 뒤 읽어 보는 활동이에요.
10보다 1 큰 수는 11, 11보다 1 큰 수는 12 … 와 같이 나타내요.

나만의 갤러리

텅 빈 갤러리를 나만의 그림으로 채워 보자!
■, ▲, ● 모양 스티커를 붙여 내가 원하는 그림을 만들고, 그림의 제목을 빈칸에 적어 봐.

제목

제목

제목

제목

제목

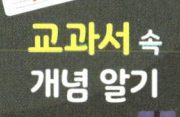
◆ 여러 가지 모양으로 나만의 모양 만들기 ◆
주어진 ■, ▲, ● 스티커를 이용해 나만의 모양을 만들어 보는 활동이에요.
나만의 모양을 만든 다음, 어떤 모양으로 무엇을 만들었는지 이야기해 보세요.

나만의 작품 완성!

오늘은 정리 하는 날!

재재가 물건을 🟥, 🟡, 🔵 모양 물건끼리 나누어 담기로 했어.
상자에 그려진 모양을 잘 보고, 알맞은 물건 스티커를 붙여 봐.

주변에서 여러 모양의 물건을 직접 찾아 봐!

톡톡! 교과서 속 개념 알기

◆ 여러 모양의 특징 알기 ◆
🟥, 🟡, 🔵 모양의 특징을 알고 분류하는 활동이에요.
🟥, 🟡, 🔵의 특징을 생각하며 스티커를 붙여 보세요.

더하고, 더하고! 덧셈 놀이

즐거운 덧셈 놀이 시간!
그림과 숫자를 잘 보고, 빈칸에 알맞은 스티커를 붙여 식을 나타내 봐.

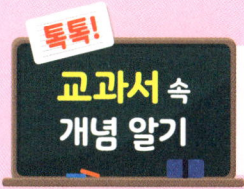

◆ 덧셈식을 쓰고 읽기 ◆

구체물을 보며 덧셈식을 나타내는 활동이에요. 덧셈식을 완성한 뒤, "3과 4의 합은 7입니다.", "3 더하기 4는 7과 같습니다."와 같이 소리 내어 읽어 보세요.

5 ☐ + 4 = ☐

6 ☐ + 4 = ☐

7 ☐ + 2 = ☐

8 ☐ + 5 = ☐

빼고, 빼고! 뺄셈 놀이

신나는 뺄셈 놀이 시간!
그림과 숫자를 잘 보고, 빈칸에 알맞은 스티커를 붙여 식을 나타내 봐.

1

7 - ☐ = ☐

2

☐ - 4 = ☐

3

8 - ☐ = ☐

4
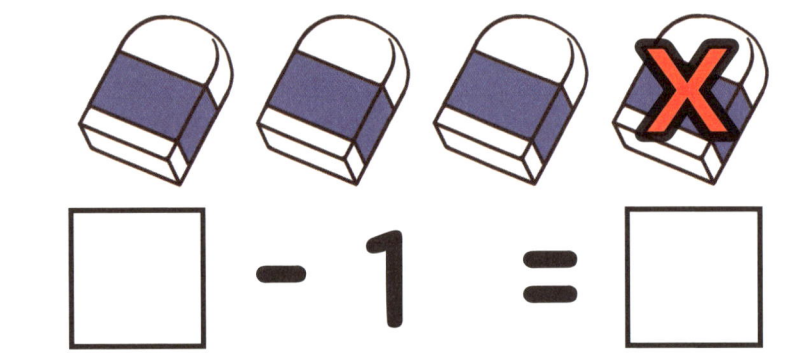
☐ - 1 = ☐

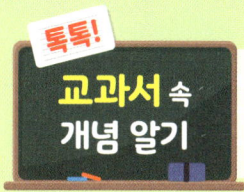

◆ 뺄셈식을 쓰고 읽기 ◆

구체물을 보며 뺄셈식을 나타내는 활동이에요. 뺄셈식을 완성한 뒤,
"7과 3의 차는 4입니다.", "7 빼기 3은 4와 같습니다."와 같이 소리 내어 읽어 보세요.

5

8 - ☐ = ☐

6

☐ - 4 = ☐

7

☐ - 2 = ☐

8

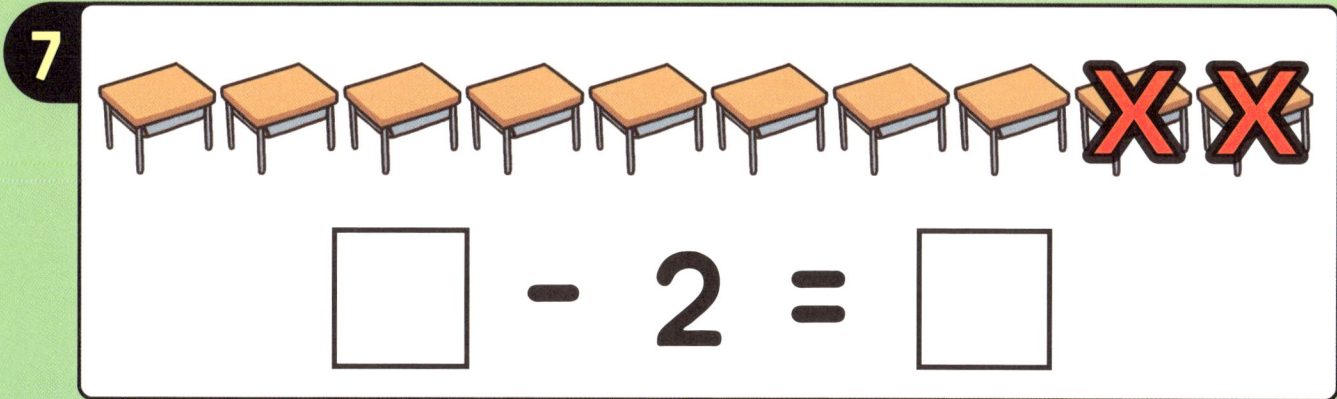

☐ - 5 = ☐

승부다! 수학 퀴즈 대결!

미미와 재재가 수학 퀴즈를 풀고 있어.
문제를 잘 읽고, 모두 정답이 되도록 빈칸에 알맞은 스티커를 붙여 봐.

미미

1. 17 → 18 → ☐ → 20 → 21
2. 56보다 1만큼 더 큰 수는? ……… ☐
3. 76보다 1만큼 더 작은 수는? ……… ☐
4. 3 + 6 = ☐
5. 7 - 4 = ☐

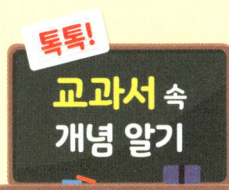

◆ 수의 순서와 크기 비교 ◆

수의 순서와 크기를 비교하고, 덧셈과 뺄셈을 해 보는 활동이에요.
수를 차례로 썼을 때, 뒤에 오는 수가 앞에 오는 수보다 큰 수임을 떠올려 보세요.

재재

1. 46 → 47 → ☐ → 49 → 50

2. 24보다 1만큼 더 큰 수는? ······ ☐

3. 64보다 1만큼 더 작은 수는? ······ ☐

4. 6 + 2 = ☐

5. 8 - 3 = ☐

내 치즈는 누가 옮겼을까?

찍찍, 맛있는 치즈를 찾아라!
쥐가 고양이를 피해 치즈를 먹을 수 있도록 알맞은 식을 따라가 봐.

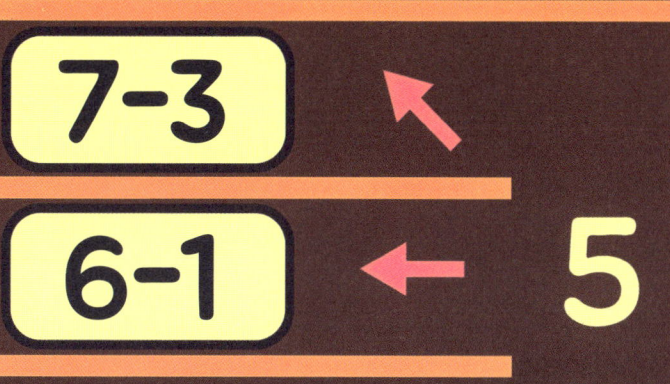
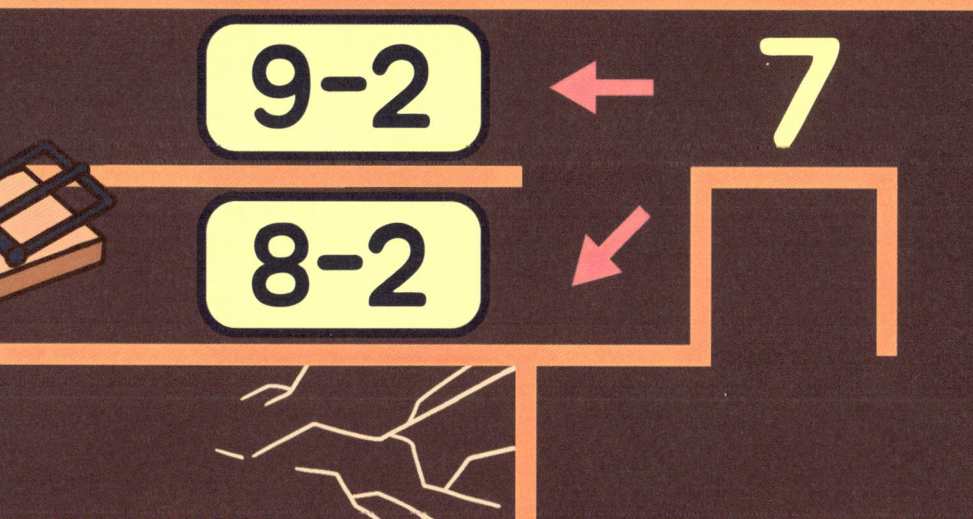
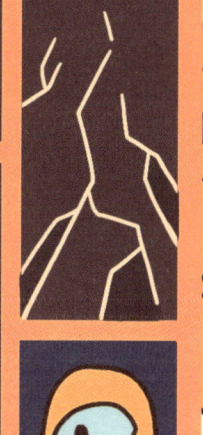

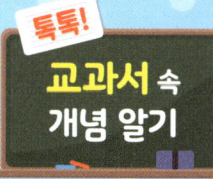

◆ 덧셈식, 뺄셈식 만들기 ◆

어떤 수를 보고, 알맞은 덧셈식과 뺄셈식으로 나타내는 활동이에요.
정답 외에 또 어떤 덧셈식과 뺄셈식을 만들 수 있는지 이야기해 보세요.

모아모아 동물 스티커

동물 스티커를 가장 많이 가진 친구에게 빨간색 왕관,
동물 스티커를 가장 적게 가진 친구에게 초록색 왕관 스티커를 붙여 봐.

도전! 다트 왕!

친구들의 다트를 보고, 점수의 합이 나오도록 식에 알맞게 써 봐.
그런 다음, 가장 큰 점수를 얻은 순서대로 친구 스티커를 시상대에 붙여 봐.

3 + 5 = 8   ☐ + ☐ = ☐   ☐ + ☐ = ☐

☐ + ☐ = ☐   ☐ + ☐ = ☐

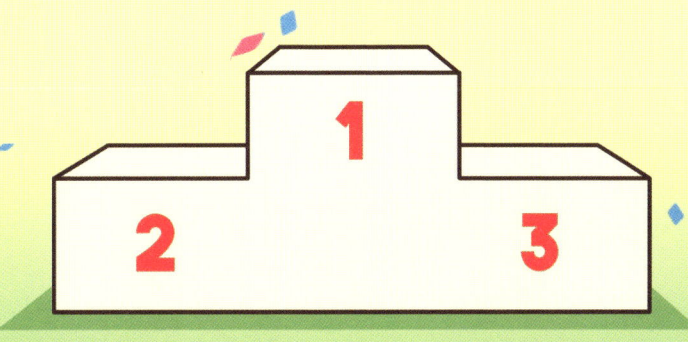

◆ 수의 크기 비교하기 ◆

톡톡! 교과서 속 개념 알기

둘 이상의 수를 보고 수의 크기를 비교하는 활동이에요.
수의 크기를 비교하는 방법에는 구체물을 하나씩 대응하는 방법 등이 있어요.

무엇이 무엇이 **무거울까?**

재재와 미미가 무게, 넓이, 부피, 길이를 비교하기로 했어.
문제를 잘 읽고, 알맞은 동물과 물건에 스티커를 붙여 봐.

 더 무거운 동물에 사과 스티커를 붙여 봐.

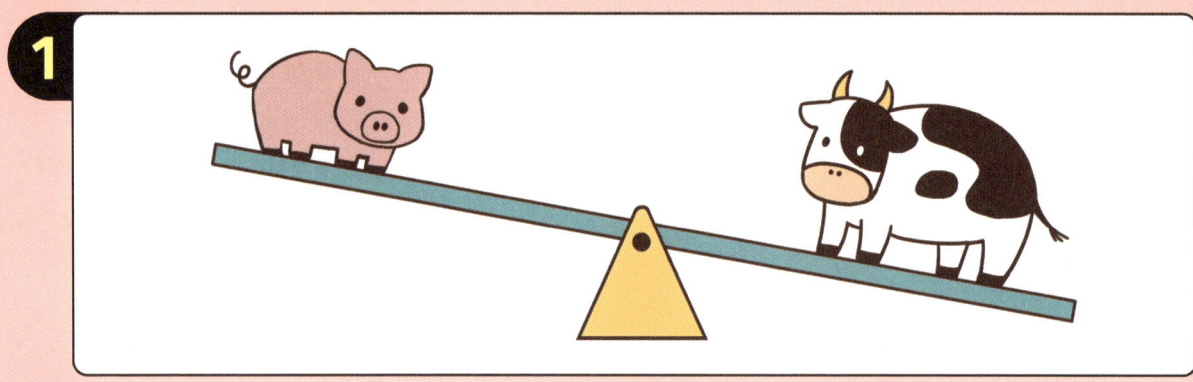

 더 넓은 물건에 하트 스티커를 붙여 봐.

 더 많이 담을 수 있는 물건에 별 스티커를 붙여 봐.

 더 긴 물건에 무지개 스티커를 붙여 봐.

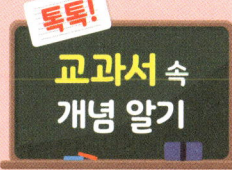

◆ 두 물건의 무게, 넓이, 부피, 길이 비교하기 ◆

무게를 비교할 때는 "더 무겁다, 더 가볍다.", 넓이를 비교할 때는 "더 넓다, 더 좁다.",
담을 수 있는 양을 비교할 때는 "더 많다, 더 적다.", 길이를 비교할 때는 "더 길다, 더 짧다."라고 표현해요.

정답

문제를 다 풀었니?

정답을 확인해 봐!

2-3

4-5

6-7

8-9

10-11

12-13

14-15